Thomas Nelson Page

Meh lady. A story of the War

Thomas Nelson Page

Meh lady. A story of the War

ISBN/EAN: 9783743336056

Manufactured in Europe, USA, Canada, Australia, Japa

Cover: Foto ©ninafisch / pixelio.de

Manufactured and distributed by brebook publishing software
(www.brebook.com)

Thomas Nelson Page

Meh lady. A story of the War

LIST OF ILLUSTRATIONS

MEH LADY

A Story of the War

"WON' dat Phil go 'stracted when he gits a pike on de een o' dis feller!"

The speaker was standing in the dogwood bushes just below me, for I was on the embankment, where the little foot-path through the straggling pines and underbrush ran over it. He was holding in his hand a newly-peeled cedar fishing-pole, while a number more lay in the path at the foot of the old redoubt.

I watched him for a moment in silence, and then said:

"Hello! Uncle, what are you doing?"

"Gittin' fishin'-poles for de boys, suh," he answered promptly and definitely. "We's 'spectin' 'em soon." Then he added confidentially:

"Dee won' have none from nowhar else at all,

suh ; dee done heah dee ma tell how Marse Phil used
to git poles right heah 'pon dis heah ridge, an' dee
oon' fling a line wid nay urr sort o' pole at all. Dat
Phil he mo' like Marse Phil dan he like he pa ;
sometimes I think he Marse Phil done come back
agin—he's he ve'y spi't an' image."

"Who are the boys?" I asked, taking a seat on
the moss-covered breastwork.

" Hi! we all's boys—Meh Lady's. De fish run-
nin' good now, an' dee'll be heah toreckly. Dee up
in New York now, but me an' Hannah got a letter
from 'em yistidy. You cyarn' keep 'em dyah long
after fish 'gins to run ; no suh, dat you cyarn'. Dat
Phil, I boun', studyin' 'bout dis pole right now."
A short laugh of delight followed the reflection.

" How many are there?"

"Fo' on 'em, suh, wid de little gal, an' she jes' like
Meh Lady wuz at her age, tryin' to keep up wid her
brurrs, an' do ev'ything dee do. Lord! suh, hit
cyars me back so sometimes, I mos' furgit de ain'
nuver been no war nor nuttin'. Yes, suh, dee tu'ns
de house upside down when dee comes, jes' like
Marse Phil an' Meh Lady. Um—m! [making that
peculiar sound so indescribably suggestive], *dee* used
to jes' teoh de wull to pieces. You see, after Marse

Jeems die' an' lef' Mistis heah wid jes' dem two, she used to gi' 'em dee head, an' dee all over de plantation. Meh Lady (de little white Mistis,) in her little white apron wid her curls all down in her eyes, used to look white 'mong dem urr chil'ns as a clump o' blackberry blossoms 'mong de blackberries. I don' keer what Hannah do wid dat hyah it wouldn' lay smoove. An' her eyes! I b'lieve she laugh mo' wid 'em 'n wid her mouf. She wuz de 'light o' dis plantation! When she'd come in you' house 'twuz like you'd shove back de winder an' let piece o' de sun in on de flo'—you could almos' see by her! An' Marse Phil, he used to wyah her! I don' keer whar you see one, dyah turr, she lookin' up at him, pushin' her hyah back out her big brown eyes, an' tryin' to do jes' what he do. When Marse Phil went byah-footed, she had to go byah-footed too, an' she'd foller him down to the mill-pond th'oo briers an' ev'ywhar, wid her little white foots scratchin' an' gittin' briers in em; but she ain' mine dat so he ain' lef' her. Dat's de way 'twuz, spang tell Marse Phil went to college, or you jes' as well say, tell he went in de army, cause he home ev'y Christmas an' holiday all de time he at de univusity, an' al'ays got somebody or nurr wid him. You cyarn' keep bees 'way after dee fine he honeysuckle bush, an' dem young bucks dee used to be roun' her constant. Hit look like ef she drap her hankcher hit teck all on em' to pick 't up. Dee so perseverin' (Mr. Watkins spressly), I tell Hannah I specks one on 'em gwine be Mistis' son-in-law; but Hannah say de chile jes' 'joyin' herself an' projeckin' wid 'em, an' ain' love none on 'em hard as Marse Phil. An' so 'twuz! Hannah know. Her cap'n ain' come yit! When dee cap'n come dee knows it, an' ef dee don' know it when he come, dee know it p'intedly when he go 'way.

"We wuz rich den, quarters on ev'y hill, an' niggers mo' 'n you could tell dee names; dee used to be thirty cradlers in de harves'-fiel' an' binders mo' 'n you kin count.

"Den Marse Phil went in de war. You wuz too young to know 'bout dat, marster? Say you wuz? Dat's so!" (This in ready acquiescence to my reply that every Southerner knew of the war.) "Well, hit 'peared like when it start de ladies wuz ambitiouser for it mos' 'n de mens. Um! dee wuz rank, sho' 'nough. At fust dee didn' know what 'twuz, hit come so sudden.

"One mornin' I was standin' right by de po'ch, an' Marse Phil ride up in de yard. I see him time

he tunned de curve o' de avenue ; I knowed he seat,
'cause I larn him to ride : dese hands set him up on de
horse fust time he ever tetch de saddle, when he lit·
tle fat legs couldn' retch to de little skeurts. Well,
I call Mistis an' Meh Lady, an' dee come out jes' as
he gallop up in de yard. He speak to me, an' run
up de gre't steps, an' Mistis teck him right in her
arms, an' helt him farst, an' when she le' him go her
face look mighty cu'yus ; an' when dee went into de
house I notice Marse Phil right smart taller'n he wuz
at Christmas, an' he han' 'em in stately like he pa.

"'Twuz he done come home to go in de army, an'
he done stop in Richmon' to git he permission,
'cause he feared he ma oon' let him go bedout dat ;
an' he say, Mr. Watkins an' heap o' de boys done
lef' an' gone home to raise companies. Mistis—
Hannah say—grieve might'ly when tain' nobody see
her, an' she got her do' locked heap. sayin' her prars
for him ; but she ain' say a wud 'bout he goin', she
nor Meh Lady nurr—dee jes' dat ambitious 'bout it.
De thorybreds goes wid dee heads up till dee drap,
you know.

"After dat you ain' see nuttin' but gittin ready ;
cuttin' an' sewin', an' meckin' tents, an' bandages, an'
uniforms, an' lint—'twuz wuss'n when dee meckin' up

de folks' winter clo'es! an' when Marse Phil fetch he s'o'de home an' put on he boots an' spurs whar I done black, an' git he seat on Paladin, twarn' nay han' on de place but what say Marse Phil 'bleeged to whup 'em if dee come close enough.

"Well, so he went off to de war, an' Left-hand Torm went wid him to wait on him an' ten' to de horses. Mistis an' Meh Lady ain' had time to cry tell dee rid roun' de curve, an' Marse Phil tu'n an' wave he hat to 'em stan'in dyah on de po'ch; an' den Mistis tu'n roun' an' walk in de house right quick wid her mouf wuckin', an' lock herse'f in her chamber, an' Meh Lady set down on the steps, right in de sun, an' cry by herse'f.

"Dat wuz de een o' de ole times, an' dem whar ain' nuver had dee foots to git 'quainted wid de ground wuz stomped down in de dut.

"Oh! yes, suh, he come back," said he presently, in answer to a question from me, "but de war had been gwine on for mo' 'n a year befo' he did. Heaps o' urr soldiers used to come; dee'd kiver up de gre't road an' de plantation sometimes, an' eat up ev'ything on de place. But Marse Phil he ain' nuver git home; he 'bleeged to stay to keep de Yankeys back; he wid Gener'l Jackson, an' he fightin' all de time;

he git two or th'ee balls th'oo he clo'es an' he cap—
he write we all 'bout it; two bring de blood, but
not much, he say, dee jes' sort o' bark him. Oh!
dee wuz jes' p'intedly notifyin' him; ev'y chance
dee'd git dee'd plump at him cuz he de main man
same as when you'd plump at de middle man. But
dat ain' pester him, chile!

"But one mornin' when we ain' heah from him
in long time an' think he up in de valley wid
Stonewall Jackson, Marse Phil ride right up in de
yard, an' Mistis' face light up to see him tell she look
mos' like a young ooman. He say he ain' got long
to stay, dat de army gwine down de big road, an' he
'bleeged to git right back to he bat'ry— he jes' ride
'cross to see he ma an' Meh Lady an' all on us, he say,
an' he mighty hongry, 'cause he ain' had nuttin' to
eat sense early de day befo', an' he want me to feed
Paladin at de rack. An' Meh Lady, chile! she lef'
him walkin' 'bout in de house wid he ma, wid he arm
roun' her, an' twis'in' he mustache, whar showin' lee-
tle, sense he sich a man, an' axin' he ma don't she
think it a fine mustache, dat all de girls say 'tis; an'
axin' 'bout ev'ybody; an' she come out an' 'tend to
gittin' him some'n' to eat wid her own hands, an' he
sut'n'y did eat hearty. An' den he come 'way, an' he

stoop down an' kiss he ma an' Meh Lady, an' tell 'em he gwine to be a cun'l one o' dese days ; an' Mistis she ain' able to say nuttin', she jes' look at him wistful as he went down de steps, den she run down after him an' ketch him after he git on de groun', an' kiss him an' breck out cryin'. She say she ain' begrudge him, but she love him so much. He kiss her mighty sorf' two or th'ee times, an' den she let him go, an' he come an' git on he horse an' rid 'way at a gallop out de back gate wid he cap on de side he head, an' dee went in de house, an' dat horse warn' go up to de stable right den.

"De nex' day we hear de cannons 'way down de country jes' like thunder right study, an' Mistis and Meh Lady dee set on de po'ch an' listen to 'em wid dee face mighty solemn all day long. An' dat night 'bout de fust rooster-crow, Left-hand Torm come home on de gray, an' knock at Mistis' winder, an' say Marse Phil done shoot in de breast, an' he don't know wherr he dead or not; he say he warn' dead when he come 'way, but de doctor wuz wid him, an' he had done sont him after he ma to come to him at once, an' he had been ridin' hard all night long ever sence jes' befo' sunset; an' Torm say he bat'ry wuz de fust on de groun', an' he post it on de aidge o' de woods in a oat-fiel', like cradlers, you know, an' he drive de enemy out dee breas'wucks, an' Torm say he see him when he lead he bat'ry 'cross de oat-fiel', he guns all six in a strainin' gallop, an' he and Paladin in de lead cheerin', wid bullits an' shells hailin' all roun' him ; an' he wuz de fust man in de redoubt, Torm say, an' he fall jes' as he jump he horse over, an' den he lay dyah on de groun', he say, an' fight he guns tell he faint. An' Torm say de gener'l say he'd ruther been Marse Phil fightin' he bat'ry dat day den 'a' been President de Confed'ate States.

"Well, suh, Mistis she had jump out o' bed de fust step o' Torm in de yard ; she hadn' even teck off her clo'es, an' she jes' stand still like she ain' heah good, wid her face lookin' like she done dead. Meh Lady she tell Torm to tell me to git de kerridge as soon as I kin, an' to tell her mammy please to come dyah quick.

"An' when day brek I wuz standin' at de gate wid de kerridge ; done feed my horses an' a good bag o' clean oats in de boot. Mistis she come out wid Meh Lady an' Hannah, an' her face sut'n'y wuz grievious. I ain' know tell I see de way she look how it hu't her, but I been see dead folks look better'n she look den. All she say wuz :

"'Try an' git me dyah, Billy;' an' I say, 'Yes'm, I'm gwine to ef Gord'll le' me.' I did get her dyah, too; ef I didn' meck dem horses flinder!

"But dead mens! I nuver see as many in my life as I see dat evenin'. Amb'lances an' waggins full on 'em, an' dem whar jes' good as dead; de road wuz chocked up wid 'em! Dee all know Marse Phil bat'ry; dee say hit de fust in de fight yistidy an' it cut all to pieces; an' pres'n'y a gent'man whar I ax as he gallop past me rein up he horse an' say he know him well, an' he wuz shot yistidy an' left on de fiel'. He done teck off he cap when he see Mistis an' Meh Lady in de kerridge, an' he voice drapt mighty low, an' he say Marse Phil wuz shot 'bout fo' o'clock leadin' he bat'ry, an' he did splendid wuck.

"He voice sort o' 'passionate, an' he face so pitiful when he say dat, I know 'tain' no hope to save him, an' ef I git Mistis dyah in time, dat's all.

"'Drive on quick', says Mistis, an' I druv on: I done meck up my mine to git she an' Meh Lady to Marse Phil, whar I 'sponsible for dat night, ef Gord'll le' me. An' I did, too, mon! I see de soldiers all 'long de road look at me, an' some on 'em holler to me dat I cyarn' go dat away; but I ain' pay no 'tention to 'em. I jes' push on; an' pres'n'y risin' a little

"She talk mighty sorf' but mighty 'terminated like."

ridge I see de house de gent'man done tell me 'bout,
settin' in de oat-fiel' 'bout a half a mile ahead, an' I
jes' pushin' for it, when th'ee or fo' mens standin'
dyah in de road 'yant de ridge, a little piece befo' me,
say, 'Halt!' I ain' pay no 'tention to 'em, jes' drive
on so, an' dee holler, 'Halt' ag'in; an' when I ain'
stop den nuther, jes' drive on right study, a speckle-
face feller run up an' ketch Remus' head, an' anurr
one done p'int he gun right at me. I say, 'Whynt'
you le' go de horse, mon! ain' you got no better sense'n
to ketch holt Mistis' horses? Juckin' dat horse' mouf
dat way! Le' go de horse' head, don' you heah me?'

"I clar! ef I warn' dat outdone, I wuz jes' 'bout to
wrop my whrup 'roun' him, when Mistis open de do'
an' step out. She say she wan' go on; dee say she
cyarn' do it; den she say she gwine: dat her son
dying' dyah in dat house an' she gwine to him. She
talk mighty sorf' but mighty 'terminated like. Dee
sort o' reason wid her, but she jes' walk on by wid
her head up, an' tell me to foller her, an' dat I did,
mon! an' lef' 'em dyah in de road holdin' dee ole
gun. De whole army couldn' 'a' keep her fum Marse
Phil not den.

"I got to de house toreckly an' drive up nigh as
I could fur de gre't trenches 'cross de yard, whar

look like folks been ditchin'. A gent'man come to de do', an' Mistis ax, 'Is he 'live yet?' He say, 'Yes, still alive;' an' she say, 'Where?' an' went right in an' Meh Lady wid her; an' I heah say he open he eyes as she went in, an' sort o' smile, an' when she kneel down an' kiss him he whisper he ready to go den, an' he wuz, too.

"He went dat night in he mother' arms, an' Meh Lady an' Hannah at he side, like I tole 'em I was gwine do when I start fum home dat mornin', an' he wuz jes' as peaceful as a baby. He tole he ma when he wuz dyin' dat he had try to do he duty, an' dat 'twuz jes' like ole times, when he used to go to sleep in her lap in he own room, wid her arms 'roun' him. Mistis sen' me fur a amb'lance dat night, an' we put him in de coffin next mornin' an' start, 'cause Mistis she gwine cyar Marse Phil home an' lay him in de gyardin, whar she kin watch him.

"We travel all day an' all night, an' retch home 'bout sunrise, an' den we had to dig de grave.

"An' when we got home Mistis she had de coffin brought in, and cyared him in he own room while we waitin', and she set in dyah all day long wid him, and he look like a boy sleepin' dyah so young in he little

gray jacket wid he s'o'de 'cross he breas'. We bury
him in de gyardin dat evenin', and dyah warn' 'nough
gent'mens lef' in de county to be he pall-bearers, so
de hands on de place toted him. And it ease' me
might'ly to git meh arm onder him right good, like
when he wuz a little chap runnin' 'roun' callin' me
'Unc' Billy,' and pesterin' me to go fishin'. And de
gener'l write Mistis a letter and say de Confede'cy
moan he loss, and he done meck him a cun'l in de
oat-fiel' de day he wuz shot, and hit's dat on he tomb-
stone now; you kin go dyah in de gyardin an' read it.

"And we hang he s'o'de on de wall in he own room
over de fireplace, and dyah it hang now for to show
to de boys what a soldier he wuz.

"Well, after dat, things sut'n'y went bad. De
house looked dat lonesome I couldn' byah to look at
it; ev'ything I see look' like Marse Phil jes' done
put it down, or jes' comin' after it.

"Mistis and Meh Lady dee wuz in deep mo'nin',
of co'se, and it look like de house in mo'nin', too.
And Mistis her hyah got whiter and whiter. De on'y
thing 'peared to gi' her any peace o' mine wuz settin'
in Marse Phil' room. She used to set dyah all day,
sewin' for de soldiers. She ain' nuver let nobody
tetch dat room ; hit al'ays sort o' secret to her after

dat. And Meh Lady she took holt de plantation, an' ole Billy wuz her head man.

"Dat's de way 'twuz for two years tell mos' in de summer. Den—

"Hit happen one Sunday: I wuz jes' come out meh house after dinner, gwine to de stable. I warn' studyin' 'bout Yankeys, I wuz jes' studyin' 'bout how peaceable ev'ything wuz, when I heah somebody hollerin', and heah come two womens 'cross de hill from de quarters, hard as dee could tyah, wid dee frocks jes' flying. One o' de maids in de yard de first to ketch de wud, an' she say, 'De Yankeys!' And 'fo' Gord! de wuds warn' out her mouf befo' de whole top o' de hill wuz black wid 'em. Yo' could see 'em gallopin' and heah de s'o'des rattlin' spang at de house. Meh heart jump right up in meh mouf. But I step back in meh house and got meh axe. And when I come out, de black folks wuz all run out dee houses in de back yard, talkin' and predictifyin'; and some say dee gwine in de house and stan' behin' Meh Lady; and some say dee gwine git onder de beds; and some wuz pacifyin' 'em, and sayin', *dee* ain' gwi' do nuttin'. I jes' parse long by 'em right quick, and went 'cross de yard to de house, and I put meh head in Marse Phil' room whar dee settin', and say:

" 'De Yankeys yander comin' down de hill.'

" You ought to 'a' seen dee face. Meh Lady' hands drapt in her lap, an' she looked at Mistis so anxious, she skeer' me. But do' Mistis' face tu'n mighty white, 't warn' mo' 'n a minute. She riz right quiet, and her head wuz jes' as straight as Meh Lady. She says to her :

" ' Hadn' you better stay here?'

" ' No,' says she, 'I will go with you.'

" ' Come on,' says she, and dee walked out de do', and locked it behine her, and Mistis put de key in her pocket.

" Jes' as she got dyah, dee rid into de yard, an' in a minute it wuz jes' as full on 'em as a bait-go'd is o' wurrms, ridin' 'ginst one anurr, an' hollerin' an' laughin' an' cussin'; an' outside de yard, an' todes de stables, dee wuz jes' swarmin'. Dee ain' ax nobody no odds 'bout nuttin', an' as to key, dee ain' got no use fur dat ; jes' bu'st a do' down quicker'n you kin onlock it. Dee wuz in dee smoke-house an' de store-room quicker'n I been tellin' you 'bout it. But dat ain' 'sturb Mistis, nor Meh Lady nurr. Dee wuz standin' in de front do' jes' as study as ef dee wuz waitin' fur somebody whar come to dinner. Dee come pourin' up de steps an' say dee gwine th'oo de house.

"'There is no one in there,' said Mistis.

"'What you doin' on de po'ch?' says one, sort o' impident like, wid a thing on he shoulder.

"'I always receive my visitors at my front do',' says Mistis.

"'Don't you invite 'em in?' says he, sort o' laughin' an' pushin' by her. Jes' den I heah a noige, an' we tu'n roun', an' de hall wuz right full on 'em—done come in de back do'. Mistis tunned right roun' an' walk into de house right quick, puttin' Meh Lady 'long befo' her. Right straight th'oo 'em all she walk, an' up to Marse Phil' room do', whar she stan' wid her back 'g'inst it, holdin' de side. Dee wuz squandered all over de house by dis time an' teckin' ev'ything dee want an' didn' want, an' what dee didn' teck dee wuz cuttin' up. But soon as dee see Mistis at Marse Phil do', dee come right up to her.

"'I want to go in dyah,' says one—de same one whar done spoke so discontemptious to de Mistis on de po'ch.

"'You cyarn' do it,' says Mistis.

"'Well, I'm goin' to,' says he.

"'You are not,' says Mistis, lookin' at him right study, wid her head up an' her eyes blazin'. I had

my axe in my han', an' I wuz mighty skeered, but I
know ef he had lay his han' on de Mistis I was gwine
split him wide open. He know better'n to tetch her,
do'. He sort o' parly, like he warn' swade her, an'
all de urrs stop an' listen.

" ' Who's in dyah?' says he.

" ' No one,' says Mistis.

" ' Well, what's in dyah?' says he.

" ' The memory of my blessed dead,' says Mistis.
She speak so solemn, hit 'peared to kind 'o stall him,
an' he give back an' mumble some'n'. Pres'n'y do'
anurr one come up fum nigh de do' an' say to Mistis:

" ' Where is you' son? We want him.'

" ' Beyond your reach,' says Mistis, her voice kine
o' breakin', an' Meh Lady bu'st out cryin'.

" ' His grave is in de gyardin',' she says, wid her
hankcher to her eyes.

"Gord! suh! I couldn' stan' no mo'. I jes' cotch
a grip on my axe, an' I ain' know what mout 'a' hap-
pen', but he teck off he hat an' tu'n 'way. An' jes'
den sich a racket riz nigh de do', I thought must be
some on 'em got to killin' one 'nurr. I heah some-
body's voice rahin' an' pitchin' and callin' 'em thieves
an' hounds, an' in a minute, whack, whack, thump,
thump, I heah de licks soun' like hittin' on barrel-

head, an' I see a s'o'de flyin' like buggy-wheel spokes, an' de men in de hall dee jes' squander; an' as de larst one jump off de po'ch, a young gent'man tunned an' walked in de do', puttin' he s'o'de back in he scabbard. When he got 't in, he teck off he cap, an' walkin' 'bout half-way up to we all, he say :

"'I kinnot 'pologize 'nough, madam, for dese out'-ages; dee officers ought to be shot for toleratin' it. It is against all orders.'

"'I don't know; it is our first 'speeyence,' says Mistis. 'We are much ondebted to you, though, suh.'

"'Mayn't I interduce myself?' says he, comin' up a little closer to we all, an' meckin' anurr bow very grand. 'I think I may claim to be a kinsman at least of dis my young Southern cousin here,' (meckin' a bow to Meh Lady whar wuz standin' lookin' at him); 'I'm a half Virginian myself: I am Captain Wilton, the son of Colonel Churchill Wilton, of de ole army,' says he.

"'It is impossible,' says Mistis, bowin' low'n him. 'Churchill Wilton was a Virginian, do' he lived at de Norf; he wuz my husband's cousin an' my dear friend.' (He come from New York or some-whar, an' he had been co'tin' Mistis same time Mars-

ter co't her. I know him well: he gi' me a yal-
ler satin weskit; a likely gent'man too, but Mars-
ter beat him. You know he gwine do dat.) 'But
you cannot be his son, nor a Virginian; Virginians
never invade Virginia,' says Mistis.

"'But I am, neverdeless,' says he, sort o' smilin';
'an' I have, as a boy, often hear' him speak of you
as our kinsmen.'

"'We claim no kinsmen among Virginia's ene-
mies,' says Meh Lady, speakin' fur de fust time,
wid her eyes flashin', an' teckin' holt of Mistis' han',
an' raisin' herse'f up mighty straight. She wuz
standin' by her ma, I tell you; dee bofe had de same
sperit—de chip don' fly fur fum de stump. But he
wuz so likely-lookin', standin' dyah in de gre't hall
meckin' he bow, an' sayin' he Cap'n Wilton ob de
ole army, I mos' think she'd 'a' gi'n in ef it hadn'
been fur dat blue uniform an' dat s'o'de by he side.
De wud seemed to hut him mons'ous do', an' he raise
he head up mighty like we all folks when dee gittin' out-
done. Mistis, she add on to Meh Lady, an' answer
he 'quest 'bout dinner. Ez he had come to teck pos-
session, says she, de whole place wuz his, an' he
could give what orders he please, on'y she an' Meh
Lady would 'quest to be excused, an' wid dat she took

Meh Lady' han', an' wid a gre't bow done start to sweep by him. But dee ain' git ahead o' him; befo' dee git de wuds out dee mouf, he meck a low bow hisse'f an' say, he beg dee pardin, he cyarn' intrude on ladies, an' wid dat he sort o' back right stately to de front do', an' wid anurr bow done gone, he saber clam'rin down de steps. I clar', I wuz right sorry fur him, an' I b'lieve Mistis an' Meh Lady dee wuz too, 'cause he sut'n'y did favor Marse Phil when he r'ar he head up so tall, an' back out dat do' so gran'. Meh Lady mine smite her good, 'cause she tu'n to me an' tell me to go an' tell 'Lijah to see ef he couldn' git him some'n', an' call him, an' pres'n'y she come in de dinin'-room lookin' herse'f. After 'Lijah set de place do', an' went out to look fur him, dyah wuz a soldier standin' at ev'y po'ch right solum, an' anurr one at de kitchin; an' when we come to fine out, dee wuz guards Cap'n Wilton done pos' dyah to p'teck de house, but *he* done gone 'long, so I give he snack to de guards.

"Well, dee teck mos' all de corn, dat our folks done lef', out de corn-house, an' after a while mos' on 'em bridle up an' went 'long, an' den at larst de guards dee went 'long 'hind de turrs; an' de larst one hadn' hardly got to de een de avenue when heah

come over de hill some o' our mens ridin' 'long de
road fum turr way. Meh Lady wuz standin' in de
yard looking mighty 'strustid at de way dee done do
de place, 'cause dee had done teoh it all to pieces ;
an' her eyes light up at de sight o' our men, an' she
sort o' wave her hankcher to 'em, an' dee wuz comin'
down de hill turr side de creek right study, when, as
Gord would have it, we heah a horse foot flyin', an'
right fum turr way, right down de avenue, he horse
in a lather, come dat same young gent'man, Cap'n
Wilton. Our mens see him at de same time, an' start
to gallopin' down de hill to git him. He ain' mine 'em
do'; he jes' gallop up to de gate an' pull a letter out
he pocket. Meh Lady she was so consarned 'bout
him, she sort o' went todes him, callin' to him to do
pray go 'way. He ain' mine dat ; he jes' set still on
he nick-tail bay, an' hole he paper todes her right
patient, tell she run down de walk close up to him,
beggin' him to go 'way. Den he teck off he cap an'
ben' over, an' present her de paper he got, an' tell her
hit a letter he got fum Gen'l McClenan, he done come
back to gi' her. Meh Lady, chile! she so busy beg-
gin' him to go 'way an' save hisse'f, she done forgit
to thank him. She jes' pleadin' fur him to go, an'
hit 'pear like de mo' she beg, de mo' partic'ler he

settin' dyah at de gate lookin' down at her, not noticin' our mens, wid a sort o' curisome smile on he face, tell jes' as our mens gallop up in one side de yard, an' call to him to s'render, he say, 'Good-by,' an' tu'nned an' lay he gre't big bay horse' foot to de groun'. Dee shoot at him an' ride after him, an' Meh Lady she holler to 'em not to shoot him ; but she needn't fluster herse'f, jes' as well try to shoot de win', or ride to ketch a bud, de way dat horse run. He wuz a flyer! He run like he jes' start, an' de Cap'n done ride him thirty miles sence dinner to git dat paper from Gen'l McClenan fur Meh Lady.

"Well, suh, dat night de plantation wuz fyah 'live wid soldiers—our mens: dee wuz movin' all night long, jes' like ants, an' all over todes de gre't road de camp-fires look like stars ; an' nex' mornin' dee wuz movin' 'fo' daylight, gwine 'long down de road, an' 'bout dinner-time hit begin, an' from dat time tell 'way in de night, right down yander way, de whole uth wuz rockin'. You'd a-thought de wull wuz splittin' open, an' sometimes ef you'd listen right good you could heah 'em yellin', like folks in de harves'-fiel' hollerin' after a ole hyah.

"De nex' day we know we all done scotch 'em, an' dee begin to bring de wounded an' put 'em in folks' houses. Dee bring 'em in amb'lances an' stretchers, tell ev'y room in de house wuz full up, 'sep' on'y Mistis' chamber an' Meh Lady' room an' Marse Phil' room. An' dyah wuz de grettest cuttin' up o' sheets an' linen an' things fur bandages an' lint you ever see. Mistis an' Meh Lady even cut up dee under-clo'es fur lint, 'cause you know dee wuz bleeged to have linen, an' Mistis an' Meh Lady teoh up dee underclo'es tell dee got smack out. Hannah had to go 'long afterwards an' gi' 'em some dee done gi' her. Well, so 'twuz, de house wuz full like a hospittle, an' doctors gwine in and out, an' ridin' back'ards an' for'ards, an' cuttin' off legs an' arms, an' hardly got time to tu'n 'roun'. 'Twuz mighty hard on Meh Lady, but she had grit to stan' it. Hi! de ve'y mornin' after de battle a doctor come out de room whar a wounded gent'man wuz, an' ketch sight o' Meh Lady parsin' th'oo de hall, an' say, ' I want you to help me,' an' she say, ' What you want me to do?' an' he say, ' You got to hold a man's arm,' an' she say, ' To bandage it?' an' he say, 'No, to cut it off;' an' she say she cyarn' do it, an' he say she kin an' she must. Den she say she'll faint, an' he say ef she do he'll die, an' he ain' got a minute to spyah now. Den ef she ain' walk right in an' hole he arm, tell de doctor cut 't off an' dress it, an' den widout a wud she say, 'Is you done?' an' he say, 'Yes;' an' she walk out an' cross de yard to her mammy' house right quick, an' fall down right dead on de flo'. I wan' dyah, but Hannah sut'n'y wuz outdone 'bout dat thing. An', you know, she ain' nuver let Mistis know a wud 'bout it, not nuver—she so feared she'd 'sturb her! Dat's de blood she wuz; an' dem wuz times folks wa'n't dem kind! Well, dat same evenin' —de day after de battle—Meh Lady she ax one de doctors ef many o' de cav'lry wuz into de fight, an' he say she'd think so ef she'd been dyah; dat de cav'lry had meck some splendid charges bofe sides; dat de Yankee cav'lry had charge th'oo a bresh o' pines on de 'streme left spang up 'g'inst our breas'- wucks, an' a young Yankee cap'n in de front o' all, wid he cap on he s'o'de, on a nick-tail bay, had lead 'em, an' had spur he horse jam up to our line, an' bofe had fall up 'g'inst de breas'wucks. I tell you he sut'n'y wuz pleased wid him; he say he nuver see a braver feller; he had made a p'int to try an' save him (an' he'd like to 'a' had dat horse too, he say), but he was shot so bad he fear'd 'tain' much show fur him, as he sort o' knocked out he senses when he fall as well as shot. An' he say,

' He sich a likely young feller, an' meck sich a splen-
did charge, I teck a letter out he pocket to 'dentify
him, an' heah 'tis now,' he says; ' Cap'n Shelly
Wilton,' he says, handin' it to Meh Lady.
"When he say dat, Meh Lady ain' say nuttin',
an' Mistis she tu'n 'roun' an' walk in Marse Phil'
room right quick an' shet de do' easy. Den pres'n'y
she come out an' ax Meh Lady to have de kerridge
gitten, an' den she walk up to de doctor, an' ax him
won' he go down wid her to de place whar he lef' dat
young Yankee cap'n an' bring him dyah to her house.
An' she say, he her husband' cousin, an' she onder
obligations to him. So dee went, honey, down to de
battle-fiel' all roun' de road, an' 'twuz mos' wuss'n
when we all went down to de Peninsular after Marse
Phil, de road wuz full of wounded mens; an' when
we fine him 'twuz right dyah at dat gap—he fall right
dyah whar you settin'; an' do' all say he 'bleeged to
die, Mistis she had him tecken up an' brung right to
her house. An' when we got home she lead de way
an' went straight long th'oo de hall; an', befo' Gord!
she opened de do' herse'f an' cyar him right in an' lay
him right down into Marse Phil' baid. Some say hit
'cause he marster' kinfolk; but Hannah, she know,
an' she say hit 'cause Mistis grievin' 'bout Marse

Phil. I ain' know huccome 'tis; but dyah *into* Marse Phil' baid dee put him, an' dyah he stay good, an' Mistis an' Meh Lady to nuss him same like he wuz Marse Phil hisse'f. 'Twuz a spell do', I tell you! Dyah wuz all de turrs well an' gone befo' he know wherr he dead or 'live. Mistis, after de battle, an' all de 'citement sort o' let down ag'in, an' had to keep her room right constant, and all de nussin' an' waitin' fall on Meh Lady an' Hannah, an' dee sut'n'y did do dee part faithful by all on 'em, till fust one an' den anurr went away; cause, you know, we couldn' tell when de Yankees wuz gwine to come an' drive our mens back, an' our soldiers didn' want to be tecken pris'ners, an' dee moved 'way. An' pres'n'y dyah warn' none lef' but jes' Cap'n Wilton, an' he still layin' dyah in de baid, tossin' an' talkin', wid he eyes wide open an' ain' know nuttin'. De doctor say he wound better, but he got fever, an' he cyarn' hole out much longer; say he'd been dead long ago but he so strong. An' one night he went to sleep, an' de doctor come over fum camp an' say he wan' nuver gwine wake no mo' but jes' once he reckon, jes' a byah chance ef he ain' 'sturbed. An' he ax Meh Lady kin she keep him 'sleep she reckon, an' she say she'll try, an' she did mon. Mistis she wuz sick in baid an'

*"Oh! she suf'n'y did pomper him, readin' to him out o'
books, an' settin by him on de po'ch."*

dyah ain' nobody to nuss him, skusin' Meh Lady, an'
she set by dat baid all dat night an' fan him right
easy all night long ; all night long, all night long she
fan him, an' jes' befo' sun-up he open he eyes an'
look at her. Hannah she jes' gone in dyah, thinkin'
de chile tire' to death, an' she say jes' as she tip in he
open he eyes an' look at Meh Lady so cu'yus, settin'
dyah by him watchin'; den he shet he eyes a little
while an' sleep a little mo'; den he open 'em an'
look ag'in an' sort o' smile like he know her; an'
den he went to sleep good, an' Hannah she tuck de
fan an' sont de chile to her own room to baid. Yes,
suh, she did dat thing, she did! An' I heah him say
afterwards, when he wake up, all he could think 'bout
wuz he done git to heaven.

"Well, after dat, Meh Lady she lef' him to Mistis
an' Hannah, an' pres'n'y he git able to be holped out
on de big po'ch an' kivered up wid a shawl an' things
in a big arm-cheer. An' 'cause Mistis she mos' took
to her baid, an' keep her room right constant, Meh
Lady she got to entertain him. Oh! she sut'n'y did
pomper him, readin' to him out o' books, an' settin
by him on de po'ch. You see, he done git he pay-
role, an' she 'bleeged to teck keer on him den, 'cause
she kind o' 'sponsible for him, an' he sut'n'y wuz sat-

isfied. layin' dyah wid he gray eyes follerin' her study
ev'ywhar she tu'n, jes' like some dem pictures hang-
in' up in de parlor.

"I 'members de fust day he walked. He done
notify her, and she try to 'swade him, but he monsus
sot in he mind when he done meck 't up, and she got to
gi' in, like women-folks after dee done 'spressify
some ; and he git up and walk down de steps, an'
'cross de yard to a rose-bush nigh de gate wid red
roses on it, she walkin' by he side lookin' sort o'
anxious. When he git dyah, dee talk a little while ;
den he breck one an gi' 't to her, and dee come back.
Well, he hadn' git back to he cheer befo' heah come
two or th'ee gent'mens ridin' th'oo de place, one on
'em a gener'l. and turrs, dem whar ride wid 'em, our
mens, and dee stop at de gate to 'quire de way to de
hewn-tree ford down on de river, and Meh Lady she
went down to de gate to ax 'em to 'light, and to tell
'em de way down by de pond ; and when she standin'
dyah shadin' de sun from her eyes wid a fan, and de
rose in her hand ('cause she ain' got on no hat), de
gener'l say :

" ' You have a wounded soldier dyah ? '

"An' she say, ' Yes, he's a wounded Federal officer
on parole,' and he say, teckin' off he hat :

"'Dee ain' many soldiers dat wouldn' envy him he prison.' And den she bows to him sort o' 'fusin' like, and her face mos' blushin' as de rose de Cap'n done gi' her what she holdin'; and when dee done rid 'long, an ain' stop, she ain' gone back to de po'ch toreckly ; she come out, and gi' me a whole parecel o' directions 'bout spadin' de border whar I standin' heahin' 't all, wid de rose done stickin' in her bosom.

"You'd think de way Meh Lady read to him dyah on de big po'ch, she done forgit he her pris'ner and Virginia' enemy. She ain' do'; she jes' as rapid to teck up for de rebels as befo' he come; I b'lieve she rapider ; she call herse'f rebel, but she ain' le' him name it so. I 'member one mornin' she come in out de fiel' an' jump off her horse, an' set down by him in her ridin'-frock, and she call herse'f a rebel, an' pres'n'y he name us so too, an' she say he sha'n't call 'em so, an' he laugh an' call 'em so ag'in, jes' dyahsen, an' she git up an' walk right straight in de house wid her head up in de air. He tell her de rebels wuz 'treatin', but she ain' dignify to notice dat. He teck up a book an' 'pose hese'f, but he ain' read much ; den he try to sleep, but de flies 'pear to pester him might'ly ; den Hannah come out, an' he ax her is she see Meh Lady in dyah. Hannah say,

' Nor,' an' den he ax her won' she please go an' ax her to step dyah a minute; an' Hannah ain' spicion-ate nuttin' and went, an' Meh Lady say, ' No, she won'.' 'cause he done aggrivate her; an' den he write her a little note an' ax Hannah to gi' her dat, an' she look at it an' send 't back to him widout any answer. Den he git mad: he twis' roun' in he cheer might'ly; but 'tain' do him no good: she ain' come back all day, not tell he had to teck he pencil an' write her a sho' 'nough letter: den pres'n'y she come out on de po'ch right slow, dressed all in white, and tell him sort o' forgivin' dat he ought to be 'shamed o' hisse'f, an' he sort o' laugh', an' look like he ain' 'shamed o' nuttin'.

" Dee sut'n'y wuz gittin' good-neighborly 'long den. And he watch over her jes' like she got her pay-role 'stid o' him. One day a party o' Yankees, jes' prowlin' roun' after devilment, come gallopin' in th'oo de place, an' down to de stable, and had meh kerridge-horses out befo' I know dee dyah. I run in de house and tell Meh Lady. De Cap'n he wuz in he room and he heah me, and he come out wid he cap on, bucklin' on Marse Phil' s'o'de whar he done teck down off de wall, and he order me to come 'long, and tell Meh Lady not to come out; and down de steps he stride and 'cross de yard out th'oo de gate in de road to whar de mens wuz wid meh horses at de fence, wid he face right set. He ax 'em one or two questions 'bout whar dee from dat mornin'; den he tell 'em who he is and dat dee cyarn' trouble nuffin' heah. De man wid meh horses see de Cap'n mighty pale an' weak-lookin', and he jes' laugh, an' gether up de halters gittin' ready to go, an' call to de urrs to come 'long. Wel!, suh, de Cap'n' eye flash; he ain' say a wud; he jes rip out Marse Phil' s'o'de an' clap it up 'ginst dat man' side, an' cuss him once! You ought to 'a' seen him le' dem halters go! 'Now,' says de Cap'n, 'you men go on whar you gwine; dyah de road; I know you, an' ef I heah of you stealin' anything I'll have you ev'y one hung as soon as I get back. Now go.' An' I tell you, mon! dee gone quick enough.

"Oh! I tell you he sut'n'y had de favor o' our folks; he ain' waste no wuds when he ready; he quick to r'ar, an' rank when he git up, jes' like all we fam'bly; Norf or Souf, dee ain' gwine stand no projeckin'; dee's Jack Robinson.

"So 'twuz, Meh Lady sort o' got used to 'pendin' on him, an' 'dout axin her he sort o' sensed when to 'vise her.

" Sometimes dee'd git in de boat on de pond, an' she'd row him while he'd steer, 'cause he shoulder ain' le' him row. I see 'em of a evelin' jes' sort o' floatin' down deah onder de trees, nigh de bank, or 'mong dem cow-collards, pullin' dem water-flowers,—she ain' got on no hat, or maybe jes' a soldier cap on her head,—an' heah 'em talkin' 'cross de water so sleepy, an' sometimes he'd meck her laugh jes' as clear as a bud. Dee war'n no pay-role den !

"All dis time, do', she jes' as good a rebel as befo' he come. De wagons would come an' haul corn, an' she'd 'tend to cookin' for de soldiers all night long, jes' same, on'y she ain' talk to him 'bout it, an' he sort o' shet he eye and read he book like he ain' see it. She ain' le' Cap'n Wilton nor Cap'n nuttin' else meck no diffunce 'bout dat; she jes' partic'lar to him 'cause he her cousin, dat's all, an' got he pay-role ; we all white folks al'ays set heap o' sto' by one nurr, dat's all she got in her mind.

" I 'mos' begin to spicionate some'n' myse'f, but Hannah she say I ain' nuttin' but a ole nigger-fool, I ain' know nuttin' 'bout white folks' ways; an' sho' 'nough, she done prove herse'f.

"Hit come 'long todes de larst o' Fall, 'bout seedin'-wheat time ; de weather been mighty warm,

"An' he wuz holdin' her hand, talkin' right study."

mos' like summer, an' ev'ything sort o' smoky-hazy,
like folks bunnin' bresh; an' one day d' come fum
de post-office a letter for de Cap'n, an' he face look
sort o' comical when he open it, an' he put it in he
pocket; an' pres'n'y he say he got to go home, he got
he exchangement. Meh Lady ain' say nuttin'; but
after while she ax, kind o' perlite, is he well enough
yet to go. He ain' meck no answer, an' she ain' say
no mo', den bofe stop talkin' right good.

"Well, dat evenin' dee come out, and set on de
po'ch awhile, she wid her hyah done smoove; den he
say some'n to her, an' dee git up an' went to walk;
an' fust he walk to dat red rose-bush an' pull two or
th'ee roses, den dee went saunterin' right 'long down
dis way, he wid de roses in he han', lookin' mighty
handsome. Pres'n'y I hed to come down in de fiel',
an' when I was gwine back to de house to feed, I
strike for dis parf, an' I wuz walkin' 'long right slow
('cause I had a misery in dis hip heah), an' as I come
th'oo de bushes I heah somebody talkin', an' dyah
dee wuz right at de gap, an' he wuz holdin' her hand,
talkin' right study, lookin' down at her, an' she look-
in' 'way fum him, ain' sayin' nuttin', jes' lookin'
so miser'ble wid de roses done shatter all over her
lap an' down on de groun'. I ain' know which way

to tu'n, so I stan' still, an' I heah him say he want
her to wait an' le' him come back ag'in, an' he call her
by her name, an' say, 'Won't you!' an' she wait a lit-
tle while an' den pull her hand away right slow; den
she say, sort o' whisperin', she cyarn'. He say some'n
den so hoarse I ain' meck't out, an' she say, still
lookin' 'way fum him on de groun', dat she 'cyarn'
marry a Union soldier.' Den he le' go her hand an'
rar hese'f up sort o' straight, an' say some'n' I ain'
meck out 'sep' dat 'twould 'a' been kinder ef she had
let him die when he wuz wounded, 'stid o' woundin'
him all he life. When he say dat, she sort o' squinch
'way from him like he mos' done hit her, an' say wid
her back todes him dat he ought not to talk dat way,
dat she know she been mighty wicked, but she ain'
know 'bout it, an' maybe—. I ain' know what she
say, 'cause she start to cryin' right easy, an' he teck
her han' ag'in an' kiss it, an' I slip roun' an' come
home, an' lef 'em dyah at de gap, she cryin' an' he
kissin' her han' to comfort her.

"I drive him over to de depot dat night, an' he
gi' me a five dollars in gold, an' say I must teck keer
o' de ladies, I'se dee main 'pendence; an' I tell him,
'Yes, I know I is,' an' he sut'ny wuz sorry to tell
me good-by.

"An' Hannah say she done tell me all 'long de chile ain' gwine mortify herself 'bout no Yankee soldier, don' keer how pretty an' tall he is, an' how straight he hole he head, an' dat she jes' sorry he gone 'cause he her cousin. I ain' know so much 'bout dat do. Dat what Hannah al'ays say—she tell me.

"Well, suh, ef 'twarn' lonesome after dat! Hit 'pear like whip'o'will sing all over de place; ev'y-whar I tu'n I ain' see him. I didn' know till he gone how sot we all dun git on him; 'cause I ain' de on'y one done miss him; Hannah she worryin' 'bout him, Mistis she miss him, an' Meh Lady she gwine right study wid her mouf shet close, but she cyarn' shet her eye on me: she miss him, an' she signify it too. She tell Mistis 'bout he done ax her to marry him some day an' to le' him come back, an' Mistis ax what she say, an' she tell her, an' Mistis git up out her cheer an' went over to her, an' kiss her right sorf; and Hannah say (she wuz in de chamber, an' she heah 'em), she say she broke out cryin', an' say she know she ought to hate him, but she don't, an' she cyarn', she jes' hate an' 'spise herself; an' Mistis she try to comfort her; an' she teck up de plantation ag'in, but she ain' never look jes' like she look befo' he come

dyah an' walk in de hall, so straight, puttin' up he
s'o'de, an' when she ain' claim no kin wid him back
out de do' so gran' an' say he cyarn' intrude on her,
an' den ride thirty mile' to git dat paper an' come an'
set on he horse at de gate so study and our mens
gallopin' up in de yard to get him.   She wuck mighty
study, and ride Dixie over de plantation mighty reg'-
lar, 'cause de war done git us so low, wid all dem
niggers to feed, she hed to tu'n roun' right swift to git
'em victuals an' clo'es ; but she ain' look jes' like she
look befo' dat, an' she sut'n'y do nuss dat rose-bush
nigh de gate induschus.

   " But dem wuz de een o' de good times.

   " Hit 'peared like dat winter all de good luck done
gone 'way fum de place ; de weather wuz so severe,
an' we done gi' de ahmy ev'ything, de feed done gi'
out, an' 'twuz rank, I tell you !   Mistis an' Meh
Lady sent to Richmon' an' sell dee bonds, an' some
dee buy things wid to eat, an' de rest dee gin de
Gov'ment, an' teck Confed'ate money for 'em.   She
say she ain' think hit right to widhold nuttin', an' she
teck Marster' bonds an' sell 'em fur Confed'ate Gun-
boat stock or some'n'.   I use' to heah 'em talkin'
'bout it.

   " Den de Yankees come an' got my kerridge-

horses! Oh! ef dat didn' hu't me! I ain' git over it
yit. When we heah dee comin' Meh Lady tell me
to hide de horses; hit jes' as well, she reckon. De
fust time dee come, dee wuz all down in de river
pahsture, an' dee ain' see 'em. but now dee wuz up at
de house. An' so many been stealed I used to sleep
in de stalls at night to watch 'em ; so I teck 'em all
down in de pines on de river, an' I down dyah jes' as
s'cure as a coon in de holler, when heah dee come
tromplin' and gallinupin', an' teck 'em ev'y one, an'
'twuz dat weevly black nigger Ananias done show 'em
whar de horses is, an' lead em dyah.   He always wuz
a mean po' white folks nigger anyways, an' 'twuz a
pity Mistis ain' sell him long ago.   Ef I couldn' a
teoh him all to pieces dat day !   I b'lieve Meh Lady
mo' 'sturb 'bout 'Nias showin' de Yankees whar de
horses is den she is 'bout dee teckin' 'em.   'Nias he
ain' nuver dyah show he face no mo'. he went off wid
'em, an' so did two or th'ee mo' o' de boys.   De
folks see 'em when dee parse th'oo Quail Quarter,
an' dee 'shamed to say dee gone off, so dee tell 'em
de Yankees cyar' 'em off. but 'twarn' nothin' but a
lie ; I know dee ain' cyar' me off; dee ax me ef I
don' wan' go, but I tell 'em ' Nor.'

    " Things wuz mons'ous scant after dat, an' me an'

Meh Lady had hard wuck to meck buckle and tongue meet, I tell you. We had to scuffle might'ly dat winter.

"Well, one night a curisome thing happen. We had done got mighty lean, what wid our mens an' Yankees an' all; an' de craps ain' come in, an' de team done gone, an' de fences done bu'nt up, an' things gettin' mighty down, I tell you. And dat night I wuz settin' out in de yard, jes' done finish smokin', and studyin' 'bout gwine to bed. De sky wuz sort o' thick, an' meh mine wuz runnin' on my horses, an' pres'n'y, suh, I heah one on 'em gallopin' tobucket, tobucket, tobucket, right swif' 'long de parf 'cross de fiel', an' I thought to myself, I know Romilus' gallop; I set right still, an' he come 'cross de branch and stop to drink jes' a moufful, an' den he come up de hill, tobucket, tobucket, tobucket. I say, 'Dat horse got heap o' sense; he know he hot, an' he ain' gwine to hu't hese'f drinkin', don' keer how thusty he is. He gwine up to de stable now,' I say, 'an' I got to go up dyah an' le' him in;' but 'stid o' dat, he tu'n 'roun' by de laundry, an' come close roun' de house to whar I settin', an' stop, an' I wuz jes' sayin', 'Well, ef dat don' beat any horse ever wuz in de wull; how he know I heah?' when somebody say, 'Good-evenin'.' Um-h! I sut'n'y wuz disapp'inted; dyah wuz a man settin' dyah in de dark on a gre't black horse, an' say he wan' me to show him de way th'oo de place. He ax me ef I warn' sleep. an' I tell him, 'Nor, I jes' studyin';' den he ax me a whole parecel o' questions 'bout Mistis and Marse Phil an' all, an' say he kin to 'em an' he used to know Mistis a long time ago. Den I ax him to 'light, an' tell him we'd all be mighty glad to see him; but he say he 'bleeged to git right on; an' he keep on axin' how dee wuz an' how dee been, an' ef dee sick an' all, an' so 'quisitive; pres'n'y I ain tell him no mo' 'sep' dat dee all well 'skusin' Mistis; an' den he ax me to show him de way th'oo, an' when I start, he ax me cyarn he go th'oo de yard, dat de 'rection he warn' go, an' I tell him 'Yes,' an' le' him th'oo de back gate, an' he ride 'cross de yard on de grahss. As he ride by de rose-bush nigh de gate, he lean over, an' I thought he breck a switch off, an' I tell him not to breck dat; dat Meh Lady' rose-bush, whar she set mo' sto' by den all de res'; an' he say, ''Tis a rose-bush, sho' 'nough,' an' he come 'long to de gate, holdin' a rose in he hand. Dyah he ax me which is Mistis' room, and I tell him, 'De one by de po'ch,' an' he say he s'pose dee don' use upstyars much now de fam'bly so

small; an' I tell him, 'Nor,' dat Meh Lady' room
right next to Mistis' dis side, an' he stop an' look at
de winder good; den he come 'long to de gate, an'
when I ax him which way he gwine, he say, ' By de
hewn-tree ford.' An' blessed Gord! ef de wud ain'
bring up things I done mos' forgit—dat gener'l ridin'
up to de gate, an' Meh Lady standin' dyah, shadin'
her eyes, wid de rose de Cap'n done gi' her off dat
same bush, an' de gener'l say he envy him he prison.
I see him jes' plain as ef he standin' dyah befo' me,
an' heah him axin' de way to de hewn-tree ford; but
jes' den I heah some'n jingle, an' he jes' lean over an'
poke some'n heavy in my hand, an' befo' I ken say a
wud he gone gallopin' in de dark. And when I git
back to de light, I find six gre't big yaller gold pieces
in meh hand, look like gre't pats o' butter, an' ef 't
hadn' been for dat I'd 'mos' 'a' believe' 'twuz a dream;
but dyah de money an' dyah de horse-track, an' de
limb done pull off Meh Lady' rose-bush.

"I hide de money in a ole sock onder de j'ice, and
I p'int to tell Meh Lady 'bout it; but Hannah,
she say I ain' know who 'tis—(and so I ain' den);
and I jes' gwine 'sturb Mistis wid folks ridin' 'bout
th'oo de yard at night, and so I ain' say nuttin'; but
when I heah Meh Lady grievin' 'bout somebody done

breck her rose-bush an' steal one of her roses, I
mighty nigh tell her, an' I would, on'y I don't orn'
aggrivate Hannah. You know 'twon't do to aggrivate
women-folks.

"Well, 'twarn' no gre't while after dat de war
broke; 'twuz de nex' spring 'bout plantin'-corn time,
on'y we ain' plant much 'cause de team so weak;
stealin' an' Yankee teckin' together done clean us up,
an' Mistis an' Meh Lady had to gi' a deed o' struss
on de lan' to buy a new team dat spring, befo' we
could breck up de corn-land, an' we hadn' git mo' 'n
half done fo' Richmon' fall an' de folks wuz all free;
den de army parse th'oo an' some on 'em come by
home, an' teck ev'y blessed Gord's horse an' mule on
de place, 'sep' one ole mule—George, whar wuz ole
an' bline, an' dee won' have him. Dem wuz turrible
times, an' ef Meh Lady an' Mistis didn' cry! not
'cause dee teck de horses an' mules—we done get use'
to dat, an' dat jes' meck 'em mad and high-sperited—
but 'cause Richmon' done fall an' Gener'l Lee sur-
rendered. Ef dee didn' cry! When Richmon' fall
dee wuz 'stonished, but dee say dat ain' meck no dif-
funce, Gener'l Lee gwine whip 'em yit; but when
dee heah Gener'l Lee done surrender dee gin up;
fust dee wouldn' b'lieve it, but dee sut'n'y wuz

strusted. Dee grieve 'bout dat 'mos' much as when
Marse Phil die. Mistis she ain' nuver rekiver. She
wuz al'ays sickly and in bed after dat, and Meh Lady
and Hannah dee use' to nuss her.

"After de fust year or so mos' o' de folks went
away. Meh Lady she tell 'em dee better go, dat dee'l
fine dem kin do mo' for 'em 'en she kin now; heap on
'em say dee ain' gwine way, but after we so po' dee
went 'way, dthough Meh Lady sell some Mistis' dia-
monds to buy 'em some'n to eat while dee dyah.

"Well, 'twan' so ve'y long after dis, or maybe
'twuz befo', 'twuz jes' after Richmon' fall, Mistis get
a letter fum de Cun'l—dat's Cap'n Wilton; he done
Cun'l den,—tellin' her he want her to le' him come
down an' see her an' Meh Lady, an' he been love
Meh Lady all de time sence he wounded heah in de
war, an' al'ays will love her, an' won' she le' him help
her any way; dat he owe Mistis an' Meh Lady he
life. Hannah heah 'em read it. De letter 'sturb
Mistis might'ly, an' she jes' put it in Meh Lady' han's
an' tu'n 'way widout a wud.

"Meh Lady, Hannah say, set right still a minute
an' look mighty solemn; den she look at Mistis sort
o' sideways, an' den she say, 'Tell him, No.' An'
Mistis went over an' kiss her right sorf.

" An' dat evenin' I cyar de letter whar Mistis write to de office.

" Well, 'twarn' so much time after dat dee begin to sue Mistis on Marster's debts. We heah dee suin' her in de co't, an' Mistis she teck to her bed reg'lar wid so much trouble, an' say she hope she won' nuver live to see de place sold, an' Meh Lady she got to byah ev'ything. She used to sing to Mistis an' read to her an' try to hearten her up, meckin' out dat 'tain' meck no diffunce. Hit did do', an' she know it, 'cause we po' now, sho' 'nough ; an' dee wuz po'er 'n Hannah an' me, 'cause de lan' ain' got nobody to wuck it an' no team to wuck it wid, an' we ain' know who it b'longst to, an' hit done all grow up in bushes an' blackberry briers ; ev'y year hit grow up mo' an mo', an' we gittin' po'er an' po'er. Mistis she boun' to have flour, ain' been use to nuttin' but de fines' bread, jes' as white as you' shu't, an' she so sickly now she got to have heap o' things, tell Meh Lady fyar at her wits' een to git 'em. Dat's all I ever see her cry 'bout, when she ain' got nuttin' to buy what Mistis want. She use to cry 'bout dat dthough. But Mistis ain' know nottin' 'bout dat : she think Meh Lady got heap mo'n she is, bein' shet up in her room now all de time. De doctor say she got 'sumption, an' Meh Lady doin' all she kin to keep 't fum her how po' we is, smilin' an' singin' fur her. She jes' whah herse'f out wid it, nussin' her, wuckin' fur her, singin' to her. Hit used to hu't me sometimes to heah de chile singin' of a evenin' things she use to sing in ole times, like she got ev'ything on uth same as befo' de war, an' I know she jes' singin' to ease Mistis' mine, an' maybe she hongry right now.

"''Twuz den I went an' git de rest o' de money de Cap'n gi' me dat night fum onder de j'ice (I had done spend right smart chance on it gittin' things, meckin' b'lieve I meck it on de farm), an' I put it in meh ole hat an' cyar it to Meh Lady, 'cause it sort o' hern anyways, an' her face sort o' light up when she see de gold shinin', 'cause she sut'n'y had use for it, an' she ax me whar I git so much money, an' I tell her somebody gi' 't to me, an' she say what I gwine do wid it. An' I tell her it hern, an' she say how, an' I tell her I owe it to her for rent, an' she bu'st out cryin' so she skeer me. She say she owe me an' her mammy ev'ything in de wull, an' she know we jes' stayin' wid 'em 'cause dee helpless, an' sich things, an' she cry so I upped an' tole her how I come by de money, an' she stop an' listen good. Den she say she cyarn' tech a cent o' dat money, an' she oodn', mon, tell I tell her

I wan' buy de mule; an' she say she consider him
mine now, an' ef he ain' she gi' him to me, an' I say,
nor, I wan' buy him. Den she say how much he
wuth, an' I say, he wuth a hunderd dollars, but I ain'
got dat much right now, I kin owe her de res'; an'
she breck out laughin', like when she wuz a little girl
an' would begin to laugh ef you please her, wid de
tears on her face an' dress, sort o' April-like. Hit
gratify me so, I keep on at it, but she say she'll teck
twenty dollars for de mule an' no mo', an' I say I
ain' gwine disqualify dat mule wid no sich price; den
pres'n'y we 'gree on forty dollars, an' I pay it to her,
an' she sont me up to Richmon' next day to git
things for Mistis, an' she al'ays meck it a p'int after
dat to feed George a little some'n' ev'y day.

"Den she teck de school; did you know 'bout
dat? Dat de school-house right down de road a lit-
tle piece. I reckon you see it as you come 'long. I
ain' b'lieve it when I heah 'em say Meh Lady gwine
teach it. I say, 'She teach niggers! dat she ain'! not
my young mistis.' But she laugh at me an' Hannah,
an' say she been teachin' de colored chil'n all her life,
ain' she? an' she wan' Hannah an' me to ease Mistis'
min' 'bout it ef she say anything. I sut'n'y was
'posed to it, do'; an' de colored chil'n she been teach-

in' wuz diffunt—dee b'longst to her. But she al'ays
so sot on doin' what she gwine do, she meck you
b'lieve she right don' keer what 'tis; an' I tell her
pres'n'y, all right, but ef dem niggers impident to
her, jes' le' me know an' I'll come down dyah an'
wyah 'em out. So she went reg'lar, walk right 'long
dis ve'y parf wid her books an' her little basket. An'
sometimes I'd bring de mule for her to ride home ef
she been up de night befo' wid Mistis; but she wouldn'
ride much, 'cause she think George got to wuck.

"Tell 'long in de spring Meh Lady she done breck
down, what wid teachin' school, an' settin' up, an'
bein' so po', stintin' for Mistis, an' her face gittin'
real white 'stid o' pink like peach-blossom, as it used
to be, on'y her eyes dee bigger an' prettier'n ever,
'sep' dee look tired when she come out o' Mistis'
chamber an' lean 'g'inst de do', lookin' out down de
lonesome road; an' de doctor whar come from Rich-
mon' to see Mistis, 'cause de ain' no doctor in de
neighborhood sence de war, tell Hannah when he went
'way de larst time 'tain' no hope for Mistis, she mos'
gone, an' he teck her aside, an' tell her she better look
mighty good after Meh Lady too; he say she mos'
sick as Mistis, an' fust thing she know she'll be gone
too. Dat 'sturb Hannah might'ly.

"An' sometimes I'd bring de mule for her to ride home
ef she been up de night befo' wid Mistis."

"Well, so 'twuz tell in de spring. I had done plant meh corn, an' it hed done come up right good; 'bout mos' eight acres, right below the barn whar de lan' strong (I couldn' put in no mo' 'cause de mule he wuz mighty ole); an' come a man down heah one mornin', ridin' a sway-back sorrel horse, an' say dee gwine sell de place in 'bout a mont'. Meh Lady hed gone to school, an' I ain' le' him see Mistis, nor tell him whar Meh Lady is nuther; I jes' teck de message an' call Hannah so as she kin git it straight; an' when Meh Lady come home dat evenin' I tell her. She sut'n'y did tu'n white, an' dat night she ain' sleep a wink. After she put her ma to sleep, she come out to her mammy' house, an' fling herself on Hannah' bed an' cry an' cry. 'Twuz jes' as ef her heart gwine breck; she say 'twould kill her ma, an' hit did.

"Mistis she boun' to heah 'bout it, 'cause Meh Lady 'bleeged to breck it to her now; and at fust it 'peared like she got better on it, she teck mo' notice-ment o' ev'ything, an' her eyes look bright and shiny. She ain' know not yit 'bout how hard Meh Lady been had to scuffle; she say she keep on after her to git herse'f some new clo'es, a dress an' things, an' she oont; an' Meh Lady would jes' smile, tired like, an' say she teachin' now, and don' want no mo' 'n she got, an' her smile meck me mos' sorry like she cryin'.

"So hit went on tell jes befo' de sale. An' one day Meh Lady she done lef' her ma settin' in her cheer by de winder, whar she done fix her good wid pillows, an' she done gone to school, an' Hannah come out whar I grazin' de mule on de ditch-bank, an' say Mistis wan' see me toreckly. I gi' Hannah de lines, an' I went in an' knock at de do', an' when Mistis ain' heah, I went an' knock at de chamber do' an' she tell me to come in; an' I ax her how she is, an' she say she ain' got long to stay wid us, an' she wan' ax me some'n, and she wan' me tell her de truth, an' she say I al'ays been mighty faithful an' kind to her an' hern, an' she hope Gord will erward me an' Hannah for it, an' she wan' me now to tell her de truth. When she talk dat way, hit sut'n'y hut me, an' I tole her I sut'n'y would tell her faithful. Den she went on an' ax me how we wuz gettin' on, an' ef we ain' been mighty po', an' ef Meh Lady ain' done stint herse'f more'n she ever know; an' I tell her all 'bout it, ev'ything jes' like it wuz—de fatal truth, 'cause I done promised her; an' she sut'n'y was grieved, I tell you, an' the tears roll down an' drap off her face on de pillow; an' pres'n'y she say she hope Gord would

forgive her, an' she teck out her breast dem little
rocks Marster gi' her when she married, whar hed
been ole Mistis', an' she say she gin up all the urrs, but
dese she keep to gi' Meh Lady when she married, an'
now she feared 'twuz pride, an' Gord done punish her,
lettin' her chile starve, but she ain' know 'bout hit
'zactly, an' ign'ance he forgive; an' she went on an'
talk 'bout Marster an' ole times when she fust come
home a bride, an' 'bout Marse Phil an' Meh Lady,
tell she leetle mo' breck my heart, an' de tears rain
down my face on de flo'. She sut'n'y talk beautiful.
Den she gi' me de diamonds, an' dee shine like a
handful of lightning-bugs! an' she tell me to teck
'em an' teck keer on 'em, an' gi' 'em to Meh Lady
some time after she gone, an' not le' nobody else have
'em; an' would n' me an' Hannah teck good keer o'
her, an' stay wid her, and not le' her wuck so hard,
an' I tell her we sut'n'y would do dat. Den her voice
mos' gin out an' she 'peared mighty tired, but hit
look like she got some'n still on her min', an' pres'n'y
she say I mus' come close, she mighty tired; an' I sort
o' ben' todes her, an' she say she wan' me after she
gone, as soon as I kin, to get the wud to Meh Lady's
cousin whar wuz heah wounded indurin' o' de war
dat *she* dead, an' dat ef he kin help her chile, an' be

her pertector, she know he'll do it; an' I ain' to le'
Meh Lady know nuttin' 'bout it, not nuttin' 't all,
an' to tell him she lef' him her blessin'.   Den she git
so faint, I run an' call Hannah, an' she come runnin'
an' gi' her some sperrits, an' tell me to teck de mule
an' go after Meh Lady toreckly, an' so I did. When
she got dyah, do', Mistis done mos' speechless; Han-
nah hed done git her in de bed, which wan't no trouble,
she so light.   She know Meh Lady, do', an' try
to speak to her two or t'ee times, but dee ain' meck
out much mo' 'n Gord would bless her and teck keer
on her; an' she die right easy jes' befo' mornin'. An'
Meh Lady ax me to pray, an' I did.   She sut'n'y die
peaceful, an' she look jes' like she smilin' after she
dead ; she sut'n'y wuz ready to go.

"Well, Hannah and Meh Lady lay her out in her
bes' frock, an' she sho'ly look younger'n I ever see
her look sence Richmon' fell, ef she ain' look young-
er'n she look sence befo' de war; an' de neighbors,
de few dat's left, an' de black folks roun' come, an'
we bury her de evenin' after in the gyardin' right side
Marse Phil, her fust-born, whar we know she wan' be;
an' her mammy she went in de house after dat to stay
at night in the room wid Meh Lady, an' I sleep on
the front po'ch to teck keer de house.   'Cause we

sut'n'y wuz 'sturbed 'bout de chile; she ain' sleep an'
she ain' eat an' she ain' cry none, an' Hannah say dat
ain' reasonable, which 'taint, 'cause womens dee cry
sort o' 'natchel.

"But so 'twuz; de larst time she cry wuz dat
evenin' she come in Hannah's house, an' fling herse'f
on de bed, an' cry so grievous 'cause dee gwine sell
de place, an' 'twould kill her ma. She ain' cry no
mo'!

"Well, after we done bury Mistis, as I wuz sayin',
we sut'n'y wuz natchelly tossified 'bout Meh Lady.
Hit look like what de doctor say wuz sut'n'y so, an'
she gwine right after her ma.

"I try to meck her ride de mule to school, an' tell
her I ain' got no use for him, I got to thin de corn;
but she oodn't; she say he so po' she don' like to gi'
him no mo' wuck'n necessary; an' dat's de fact, he
wuz mighty po' 'bout den, 'cause de feed done gi'
out an' de grass ain' come good yit, an' when mule
bline an' ole he mighty hard to git up; but he been
a good mule in he time, an' he a good mule yit.

"So she'd go to school of a mornin', an' me or
Hannah one'd go to meet her of a evenin' to tote her
books, 'cause she hardly able to tote herse'f den; an'
she do right well at school (de chil'un all love her);

twuz when she got home she so sufferin'; den her mind sort o' wrastlin wid itself, an' she jes' set down an' think an' study an' look so grieved. Hit sut'n'y did hut me an' Hannah to see her settin' dyah at de winder o' Mistis' chamber, leanin' her head on her han' an' jes' lookin' out all de evenin' so lonesome, and she look beautiful too. Hannah say she grievin' herself to death.

"Well, dat went on for mo' 'n six weeks, and de chile jes' settin' dyah ev'y night all by herse'f wid de moonlight shinin' all over her, meckin' her look so pale. Hannah she tell me one night I got to do some'n, an' I say, 'What 'tis?' An' she say I got to git de wud dat Mistis say to de Cap'n, dat de chile need a pertector, an' I say, 'How?' And she say I got to write a letter. Den I say, 'I cyarn' neither read nor write, but I can get Meh Lady to write it;' an' she say, nor I cyarn', 'cause ain' Mistis done spressify partic'lar Meh Lady ain' to know nuttin' 'bout it? Den I say, 'I kin git somebody at de post-office to write it, an' I kin pay 'em in eggs;' an' she say she ain' gwine have no po' white folks writin' an' spearin' 'bout Mistis' business. Den I say, 'How I gwine do den?' An' she study a little while, an' den she say I got to teck de mule an' go fine him. I

say, 'Hi! Good Gord! Hannah, how I gwine fine
him? De Cap'n live 'way up yander in New York.
or somewhar or nuther, an' dat's furrer'n Lynchbu'g,
an' I'll ride de mule to death befo' I git dyah ; be-
sides I ain' got nuttin' to feed him.'

" But Hannah got argiment to all dem wuds ; she
say I got tongue in meh head, an' I kin fine de way ;
an' as to ridin' de mule to death, I kin git down an'
le' him res', or I kin lead him, an' I kin graze him
side de road ef folks so stingy nobody oon le' me
graze him in dee pahsture. Den she study little
while, an' den say she got it now—I must go to
Richmon' an' sell de mule, an' teck de money an' git
on de cyars an' fine him. Hannah, I know, she gwine
wuck it, 'cause she al'ays a powerful han' to 'ravel
anything. But it sut'n'y did hu't me to part wid dat
mule, he sich a ambitious mule ; an' I tell Hannah I
ain' done sidin' meh corn ; an' she say dat ain' meck
no diff'unce ; she gwine hoe de corn after I gone, an'
de chile grievin' so she feared she'll die, an' what good
sidin' corn gwine do den ? she grievin' mo'n she
'quainted wid, Hannah say. So I wuz to go to Rich-
mon' nex' mornin' but one, befo' light, an' Hannah
she wash meh shu't nex' day, an' cook meh rations
while Meh Lady at school. Well, I knock off wuck

right early nex' evenin' 'bout two hours be-sun, 'cause
I wan' rest de mule, an' after grazin' him for a while
in de yard, I put him in he stall, an' gi' him a half-
peck o' meal, 'cause dat de lahst night I gwine feed
him; and soon as I went in wid de meal he swi'ch
his tail an' hump hese'f jes' like he gwine kick me;
dat's de way he al'ays do when he got anything 'g'inst
you, 'cause you sich a fool or anything, 'cause mule got
a heap o' sense when you know 'em. Well, I think he
jes' aggrivated 'cause he know I gwine sell him, an' I
holler at him right swere like I gwine cut him in two,
to fool him ef I kin, an' meck him b'lieve 'tain' nuttin'
de matter.

"An' jes' den I heah a horse steppin' 'long right
brisk, an' I stop an' listen, an' de horse come 'long de
pahf right study an' up todes de stable. I say, 'Hi!
who dat?' an' when I went to de stall do', dyah wuz
a gent'man settin' on a strange horse wid two white
foots, an' a beard on he face, an' he hat pulled
over he eyes to keep de sun out'n 'em; an' when he
see me, he ride on up to de stable, an' ax me is Meh
Lady at de house an' how she is, an' a whole parecel
o' questions; an' he so p'inted in he quiration I ain'
had time to study ef I ever see him befo', but I don'
think I is. He a mighty straight, fine-lookin' gent'-

man do', wid he face right brown like he been wuckin',
an' I ain' able to fix him no ways. Den he tell me
he heah o' Mistis' death, an' he jes' come 'cross de
ocean, an' he wan' see Meh Lady partic'lar ; an' I tell
him she at school, but it mos' time for her come
back ; an' he ax whichaways, an' I show him de pahf,
an' he git down an' ax me ef I cyarn feed he horse,
an' I tell him, 'In co'se,' do' Gord knows I ain' got
nuttin' to feed him wid 'sep' grahss; but I ain' gwine
le' him know dat ; so I ax him to walk to de house
an' teck a seat on de po'ch tell Meh Lady come, an' I
teck de horse an' cyar him in de stable like I got de
corn-house full o' corn.   An' when I come out I
look, an' dyah he wuz gwine stridin' 'way cross de
fiel' 'long de pahf whar Meh Lady comin'.

"'Well,' I say, 'Hi! now he gwine to meet Meh
Lady, an' I ain' know he name nur what he want,'
an' I study a little while wherr I should go an' fine
Hannah or hurry myse'f an' meet Meh Lady. Not dat
I b'lieve he gwine speak out de way to Meh Lady,
'cause he sut'n'y wuz quality. I see dat ; I know hit
time I look at him settin' dyah so straight on he
horse, 'mindin' me of Marse Phil, an' he voice hit
sholy wuz easy when he name Meh Lady' name
and Mistis'; but I ain' know but what he somebody

wan' to buy de place, an' I know Meh Lady ain' wan'
talk 'bout dat, an' ain' wan' see strangers no way ; so
I jes' lip out 'cross de fiel' th'oo a nigher way to hit
de pahf at dis ve'y place whar de gap wuz, an' whar I
thought Meh Lady mighty apt to res' ef she tired or
grievin'.

"An' I hurry 'long right swift to git heah befo' de
white gent'man kin git heah, an' all de time I tu'nnin'
in meh mine whar I done heah anybody got voice
sound deep an' cler like dat, an' ax questions ef Meh
Lady well, dat anxious, an' I cyarn' git it. An' by
dat time I wuz done got right to de tu'n in de pahf
dyah, mos out o' breaf, an' jes' as I tu'nned round
dat clump o' bushes I see Meh Lady settin' right
dyah on de 'bankment whar de gap use' to be, wid
her books by her side on de groun', her hat off at her
feet, an' her head leanin' for'ard in her han's, an' her
hyah mos' tumble down, an' de sun jes' techin' it
th'oo de bushes ; an' hit all come to me in a minute,
jes' as cler as ef she jes' settin' on de gap dyah yistidy
wid de rose-leaves done shatter all down on de groun'
by her, an' Cap'n Wilton kissin' her han' to comfort
her, an' axin' her oon' she le' him come back some
time to love her. An' I say, 'Dyah ! 'fo Gord ! ef I
ain' know him soon as I lay meh eyes on him ! De

pertector done come!' Den I know huccome dat
mule act so 'sponsible.

"An' jes' den he come walkin' long down de pahf,
wid he hat on de back o' he head an' he eyes on her
right farst, an' he face look so tender hit look right
sweet. She think hit me, an' she ain' move nor look
up tell he call her name ; den she look up right swift,
an' give a sort o' cry, an' her face light up like she
tu'n't to de sun, an' he retch out bofe he han's to
her ; an' I slip back so he couldn' see me, an' come
'long home right quick to tell Hannah.

"I tell her I know him soon as I see him, but
she tell me dat's a lie, 'cause ef I had I'd 'a' come an'
tell her 'bout hit, an' not gone down dyah interferin'
wid white folks ; an' she say I ain' nuver gwine have
no sense 'bout not knowin' folks, dat he couldn'
fool her ; an' I don' b'lieve he could, a'tho' I ain'
'low dat to Hannah, 'cause hit don' do to 'gree wid
wimens too much ; dee git mighty sot up by it, an'
den dee ain' al'ays want it, nuther. Well, she went
in de house, an' dus' ev'ything, an' fix all de funiture
straight, an' set de table for two, a thing ain' been
done not sence Mistis tooken sick ; an' den I see her
gwine 'roun' de rose-bushes mighty busy, an' when
she sont me in de dinin'-room, dyah a whole parecel

o' flowers she done put in a blue dish in de middle o' de table. An' she jes' as 'sumptious 'bout dat thing as ef 'twuz a fifty-cents somebody done gi' her. Well, den she come out, an' sich a cookin' as she hed ; ef she ain' got more skillets an' spiders on dat fire den I been see dyah for I don' know how long. It fyah do me good !

"Well, pres'n'y heah dee come walkin' mighty aged-like, an' I think it all right, an' dee went up on de po'ch an' shake hands a long time, an' den, meh King! you know he tu'n roun' an' come down de steps, an' she gone in de house wid her handcher to her eyes, cryin'. I call Hannah right quick an' say, 'Hi, Hannah, good Gord A'mighty ! what de motter now?' an' Hannah she look ; den widout a wu'd she tu'n roun' an' walk right straight 'long de pahf to de house, an' went in th'oo de dinin'-room an' into de hall, an' dyah she fine de chile done fling herself down on her face on de sofa, cryin' like her heart broke ; an' she ax her what de matter, an' she say, 'Nuttin',' an' Hannah say, 'What he been sayin' to you?' an' she say, 'Nuttin';' an' Hannah say, 'You done sen' him 'way?' an' she say, 'Yes.' Den Hannah she tell her what Mistis tell me de day she die, an' she say she stop cryin' sort o', but she cotch hold de

pillar right tight, an' she say pres'n'y. ' Please go
way,' an' Hannah come 'way an' come outdo's.

" An' de Cap'n, when he come down de steps, he
went to Meh Lady' rose-bush an' pull a rose off it,
an' put 't in a little book in he pocket; an' den he
come down todes we house, an' he face mighty pale
an' 'strusted lookin', an' he sut'n'y wuz glad to see
me, an' he laugh' a little bit at me for lettin' him fool
me ; but I tell him he done got so likely an' agree-
able lookin', dat de reason I ain' know him. An' he
ax me to git he horse, an' jes' den Hannah come out
de house. an' she ax him whar he gwine ; an' he 'spon'
dat he gwine home, an' he don' reckon he'll ever see
us no mo'; an' he say he thought when he come may-
be 'twould be diff'unt, an' he had hoped maybe he'd
'a' been able to prove to Meh Lady some'n he wan'
prove, an' get her to le' him teck keer o' her an' we
all ; dat's what he come ten thousand miles fur, he
say ; but she got some'n on her mine, he say, she
cyarn' git over, an' now he got to go 'way, an' he say
he want us to teck keer on her, an' stay wid her al'ays,
and he gwine meck it right, an' he gwine lef' he name
in Richmon' wid a gent'man, an' gi' me he 'dress, an'
I mus' come up dyah ev'y month an' git what he
gwine lef' dyah, an' report how we all is ; an' he say

he ain' got nuttin' to do now but to try an' reward
us all fur all our kindness to him, an' keep us easy,
but he wa'n' nuver comin' back, he guess, 'cause he
got no mo' hope now he know Meh Lady got dat on
her mine he cyarn' git over. An' he look down in de
gyardin todes the graveyard when he say dat, an' he
voice sort o' broke. Hannah she heah him th'oo
right study, an' he face look mighty sorrowful, an' he
voice done mos' gin out when he say Meh Lady got
that on her mine he cyarn' git over.

" Den Hannah she upped an' tole him he sut'n'y
ain' got much sense ef he come all dat way he say, an'
gwine 'way widout Meh Lady ; dat de chile been dat
pesterin' herse'f sence her ma die she ain' know what
she wan' mos', an' got on her mine ; an' ef he ain' got
de dictationment to meck her know, he better go 'long
back whar he come fum, an' he better ain' nuver set
he foot heah ; an' she say he sut'n'y done gone back
sence he driv dem Yankees out de do' wid he s'o'de,
an' settin' dyah on he nick-tail horse at de gate so
study, an' she say ef 'twuz dat man he'd be married
dis evenin'. Oh! she was real savigrous to him,
'cause she sut'n'y wuz outdone ; an' she tell him what
Mistis tell me de day she 'ceasted, ev'y wud jes like
I tell you settin' heah, an' she say, Now he can go

'long, 'cause ef he ain' gwine be pertector to de chile
de plenty mo' sufferin' to be, dat dee pesterin' her all
de time, an' she jes' oon' have nuttin' 't all to do wid
'em, dat's all. Wid dat she tu'n 'roun' an' gone 'long
in her house like she ain' noticin' him, an' he, suh!
he look like day done broke on 'im. I see darkness
roll off him, an' he tu'n roun' an' stride 'long back to
de house, an' went up de steps th'ee at a time.

"An' dee say when he went in, de chile was dyah
on de sofa still wid her head in de pillow cryin', 'cause
she sut'n'y did keer for him all de time, an' ever sence
he open he eyes an' look at her so cu'yus, settin' dyah
by him fannin' him all night to keep him fum dyin',
when he layin' dyah wounded in de war. An' de on'y
thing is she ain' been able to get her premission to
marry him 'cause he wuz fightin' 'g'inst we all, an'
'cause she got 't in her mine dat Mistis don' wan' her
to marry him for dat recount. An' now he gone she
layin' dyah in de gre't hall cryin' on de sofa to herse'f,
so she ain' heah him come up de steps, tell he went
up to her, and kneel down by her, an' put he arm
'roun' her and talk to her lovin'.

"Hannah she went in th'oo de chamber pres'n'y to
peep an' see ef he got any sense yit, an' when she
come back she ain' say much, but she sont me to de

spring, an' set to cookin' ag'in mighty induschus, an'
she say he tryin' to 'swade de chile to marry him to-
morrow. She oon' tell me nuttin' mo' 'cep' dat de
chile seem mighty peaceable, an' she don' know wherr
she'll marry him toreckly or not, 'cause she heah her
say she ain' gwine marry him *at all,* an' she cyarn'
marry him to-morrow 'cause she got her school, an'
she ain' got no dress ; but she place heap o' 'pendence
in him, Hannah say, an' he gone on talkin' mighty
sensible, like he gwine marry her wherr or no, an' he
dat protectin' he done got her head on he shoulder an'
talkin' to her jes' as 'fectionate as ef she b'longst to
him an'—she ain' say he kiss her, but I done notice
partic'lar she ain' say he ain' ; an' she say de chile
sut'n'y is might' satisfied, an' dat all she gwine recite,
an' I better go 'long an' feed white-folk's horse 'stid
o' interferin' 'long dee business ; an' so I did, an' I gi'
him de larst half-peck o' meal Hannah got in de barrel.

"An' when I come back to de house, Hannah done
cyar in de supper an' waitin' on de table, an' dee set-
tin' opposite one nurr talkin', an' she po'in out he
tea, an' he tellin' her things to make her pleased an'
look pretty, 'cross Hannah' flowers in de blue bowl
twix' 'em. Hit meck me feel right young.

" Well, after supper dee come out an' went to

walk 'bout de yard, an' pres'n'y dee stop at dat red
rose-bush, and I see him teck out he pocket-book an'
teck some'n out it, and she say some'n, an' he put he
arm —ne'm' mine, ef Hannah ain' say he kiss her, I
know—'cause de moon come out a little piece right
den an' res' on 'em, an' she sut'n'y look beautiful
wid her face sort o' tu'nned up to him, smilin'.

"You mine, do', she keep on tellin' him she ain'
promise to marry him, an' of co'se she cyarn' marry
him to-morrow like he say; she ain' nuver move fum
dat. But dat ain' 'sturb he mine now; he keep on
laughin' study. Tell, 'bout right smart while after
supper, he come out an' ax me cyarn' I git he horse.
I say, 'Hi! what de matter? Whar you gwine? I
done feed yo' horse.'

"He laugh real hearty, an' say he gwine to de
Co'te House, an' he wan' me to go wid him; don' I
think de mule kin stan' it? an' her mammy will teck
keer Meh Lady.

"I tell him, 'In cose, de mule kin stan' it.'

"So in 'bout a hour we wuz on de road, an' de
last thing Meh Lady say wuz she cyarn' marry him;
but he come out de house laughin', an' he sut'n'y
wuz happy, an' he ax me all sort o' questions 'bout
Meh Lady, an' Marse Phil, an' de ole times.

"We went by de preacher's an' wake him up befo' day, an' he say he'll drive up dyah after breakfast; an' den we went on 'cross to de Co'te House, an' altogether 'twuz about twenty-five miles, an' hit sut'n'y did push ole George good, 'cause de Cun'l wuz a hard rider like all we all white folks; he come mighty nigh givin' out, I tell you.

"We got dyah befo' breakfast, an' wash' up, an' pres'n'y de cluck, Mr. Taylor, come, an' de Cun'l went over to de office. In a minute he call me, an' I went over, an' soon as I git in de do' I see he mighty pestered. He say, 'Heah, Billy, you know you' young mistis' age, don't you? I want you to prove it.'

"'Hi! yes, suh, co'se I knows it,' I says. 'Want I right dyah when she born? Mistis got she an' Marse Phil bofe set down in de book at home.'

"'Well, jes' meck oath to it,' says he, easy like, 'She's near twenty-three, ain't she?'

"'Well, 'fo Gord! Marster, I don' know 'bout dat,' says I. 'You know mo' 'bout dat 'n I does,' I says, ''cause you can read. I know her age,' I says. ''cause I right dyah when she born; but how ole she is, I don' know,' I says.

"'Cyarn' you swear she's twenty-one?' says he, right impatient.

" 'Well, nor, suh, dat I cyarn',' I says.

" Well, he sut'n'y looked aggrivated, but he ain' say nuttin', he jes' tu'n to Mr. Taylor an' say:

" ' Kin I get a fresh horse heah, suh? I kin ride home an' get de proof an' be back heah in five hours, ef I can get a fresh horse; I'll buy him and pay well for him, too.'

" ' It's forty miles dyah and back,' says Mr. Taylor.

" ' I kin do it; I'll be back heah at half-past twelve o'clock sharp,' says de Cun'l, puttin' up he watch an' pullin' on he gloves an' tu'nnin' to de do'.

" Well, he look so sure o' what he kin do, I feel like I 'bleeged to help him, an' I say:

" ' I ain't know wherr Meh Lady twenty-th'ee or twenty-one, 'cause I ain' got no larnin', but I know she born on a Sunday de thrashin'-wheat time two year after Marse Phil wuz born, whar I cyar' in dese ahms on de horse when he wuz a baby, an' whar went in de ahmy, an' got kilt leadin' he bat'ry in de battle 'cross de oat-fiel' down todes Williamsbu'g, an' de gener'l say he'd ruther been him den President de Confederate States, an' he's 'sleep by he ma in de ole gyardin at home now; I bury him dyah, an' hit's "Cun'l" on he tombstone dyah now.'

" De Cun'l tu'n roun' an' look at Mr. Taylor, an'

Mr. Taylor look out de winder ('cause he know 'twuz so, 'cause he wuz in Marse Phil' bat'ry).

"'You needn' teck you' ride,' says he, sort o' whisperin'. An' de Cun'l pick up a pen an' write a little while, an' den he read it, an' he had done write jes' what I say, wud for wud; an' Mr. Taylor meck me kiss de book, 'cause 'twuz true, an' he say he gwine spread it in de 'Reecord' jes' so, for all de wull to see.

"Den we come on home, I ridin' a horse de Cun'l done hire to rest de mule, an' I mos' tired as he, but de Cun'l he ridin' jes' as fresh as ef he jes' start; an' he brung me a nigh way whar he learnt in de war, he say, when he used to slip th'oo de lines an' come at night forty miles jes' to look at de house an' see de light shine in Meh Lady' winder, while I studyin'.

"De preacher an' he wife wuz dyah when we git home; but you know Meh Lady ain' satisfied in her mine yit? She say she do love him, but she don' know wherr she ought to marry him, 'cause she ain' got nobody to 'vise her. But he say he gwine be her 'viser from dis time, an' he lead her to de do' an' kiss her; an' she went to git ready, an' de turr lady wid her, an' her mammy wait on her, while I wait on de Cun'l, an' be he body-servant, an' git he warm water to shave, an' he cut off all he beard 'sep' he mustache,

'cause Meh Lady jes' say de man she knew didn' hed
no beard on he face. An' Hannah she sut'n'y wuz
comical, she ironin' an' sewin' dyah so induschus she
oon' le' me come in meh own house.

" Well, pres'n'y we wuz ready, an' we come out in
de hall, an' de Cun'l went in de parlor whar dee wuz
gwine be married, an' de preacher he wuz in dyah,
an' dee chattin' while we waitin' fur Meh Lady ; an' I
jes' slip out an' got up in de j'ice an' git out dem lit-
tle rocks whar Mistis gin' me an' blow de dust off 'em
good, and good Gord ! ef dee didn' shine ! I put 'em
in meh pocket an' put on meh clean shu't an' come
'long back to de house. Hit right late now, todes
evenin', an' de sun wuz shinin' all 'cross de yard an'
th'oo de house, an' de Cun'l he so impatient he cyarn'
set still, he jes' champin' he bit ; so he git up an'
walk 'bout in de hall, an' he sut'n'y look handsome an'
young, jes' like he did dat day he stand dyah wid he
cap in he hand, an' Meh Lady say she ain' claim no kin
wid him, an' he say he cyarn' intrude on ladies, an'
back out de front do' so gran', wid he head straight
up, an' ride to git her de letter, an' now he walkin' in
de hall waitin' to marry her. An' all on a sudden,
Hannah fling de do' wide open, an' Meh Lady walked
out !

"Gord! ef I didn' think 'twuz a angel.

"She stan' dyah jes' white as snow fum her head to way back down on de flo' behine her, an' her veil done fall roun' her like white mist, an' she had some roses in her han'. Ef it didn' look like de sun done come th'oo de chamber do' wid her, an' blaze all over de styars, an' de Cun'l he look like she bline him. An' 'twuz Hannah an' she, while we wuz 'way dat day, done fine Mistis' weddin' dress an' veil an' all, down to de fan an' little slippers 'bout big as two little white ears o' pop-corn; an' de dress had sort o' cob-webs all over it, whar Hannah say was lace, an' hit jes' fit Meh Lady like Gord put it dyah in de trunk for her.

"Well, when de Cun'l done tell her how beautiful she is, an' done meck her walk 'bout de hall showin' her train, an' she lookin' over her shoulder at it an' den at de Cun'l to see ef he proud on her, he gin her he arm; an' jes' den I walk up befo' her an' teck dem things out meh pocket, an' de Cun'l drap her arm an' stan' back, an' I put 'em 'roun' her thote an' on her arms, an' gin her de res', an' Hannah put 'em on her ears, an' dee shine like stars. but her face shine wus'n dem, an' she leetle mo' put bofe arms 'roun' meh neck, wid her eyes jes' runnin' over. An' den de Cun'l gi' her he arm, an' dee went in de parlor, an' Hannah an'

me behine 'em. An' dyah, facin' Mistis' picture an
Marse Phil's (tooken when he wuz a little boy),
lookin' down at 'em bofe, dee wuz married.

"An' when de preacher git to dat part whar ax
who gin dis woman to de man to be he wife, he sort
o' wait an' he eye sort o' rove to me discomfused like
he ax me ef I know; an' I don' know huccome 'twuz,
but I think 'bout Marse Jeems an' Mistis when he
ax me dat, an' 'bout Marse Phil, whar all dead, an'
all de scufflin' we done been th'oo, an' how de chile
ain' got nobody to teck her part now 'sep' jes' me;
an' now, when he wait an' look at me dat way, an' ax
me dat, I 'bleeged to speak up:—I jes' step for'ard
an' say:

"'Ole Billy.'

"An' jes' den de sun crawl roun' de winder shetter
an' res' on her like it pourin' light all over her.

"An' dat night when de preacher was gone wid
he wife, an' Hannah done drapt off to sleep, I wuz
settin' in de do' wid meh pipe, an' I heah 'em settin'
dyah on de front steps, dee voice soun'in' low like
bees, an' de moon sort o' meltin' over de yard, an' I
sort o' got to studyin', an' hit 'pear like de plantation
'live once mo', an' de ain' no mo' scufflin', an' de ole
times done come back ag'in, an' I heah me kerridge-

horses stompin' in de stalls, an' de place all cleared
up ag'in, an' fence all roun' de pahsture, an' I smell
de wet clover-blossoms right good, an' Marse Phil
an' Meh Lady done come back, an' runnin' all roun'
me, climbin' up on meh knees, callin' me 'Unc' Billy,'
an' pesterin' me to go fishin', while somehow, Meh
Lady an' de Cun'l, settin' dyah on de steps wid dee
voice hummin' low like water runnin' in de dark—

   ✳   ✳   ✳   ✳   ✳   ✳   ✳   ✳

"An' dat Phil, suh,"—he broke off, rising from
the ground on which we had been seated for some
time, "dat Phil, suh, he mo' like Marse Phil'n he
like he pa; an' little Billy—he ain' so ole, but he
ain' fur behines him."

"Billy," I said; "he's named after—?"

"Go 'way, Marster," he said deprecatingly, "who
gwine name gent'man after a ole nigger?"

www.ingramcontent.com/pod-product-compliance
Lightning Source LLC
Chambersburg PA
CBHW020331090426
42735CB00009B/1486